JN437561

외로운 날에
빛이 오는 소리

외로운 날에
빛이 오는 소리

초판 1쇄 발행 2015년 6월 5일
지은이 김숙자
펴낸이 원성삼
책임편집 이보영
펴낸곳 예영커뮤니케이션

주소 136-825 서울시 성북구 성북로6가길 31
전화 (02) 766-8931
팩스 (02) 766-8934
홈페이지 www.jeyoung.com
이메일 jeyoung@chol.com
등록일 1992년 3월 1일 제2-1349호

ISBN 978-89-8350-915-4 (03810)
책값 10,000원

이 도서의 국립중앙도서관 출판예정도서목록(CIP)은 서지정보유통지원시스템 홈페이지(http://seoji.nl.go.kr)와 국가자료공동목록시스템(http://www.nl.go.kr/kolisnet)에서 이용하실 수 있습니다(CIP제어번호 : CIP2015012568).

외로운 날에
빛이 오는 소리

김숙자 시집

예영커뮤니케이션

추천사 1

시계(視界)가 툭 트인, 컨시트(conceit)와 기지(wit)의 시

시인 김현숙

김숙자의 시편들은 짧지만 함축적이면서도 또 행간이 품고 있는 깊은 사유와 함께 지성과 감성의 자연스러운 융합이 깊은 감동을 준다. 몸담은 일상에서 찰나적으로 끌어내는 직관과 그것을 시화(詩化)하는 시인의 시작 솜씨가 돋보인다. 오랜 신앙생활에서 기도와 명상을 통해 직관을 체득하고, 또 끊임없는 수련으로 컨시트(기발한 비유)와 위트(기지)를 발휘하는 표현을 얻어 낸 것으로 본다. 그의 시계(視界)는 대상의 정면과 뒤, 상하로 이동하면서 관찰의 폭이 넓다는 게 또 하나의 특징이라 할 수 있다.

시 〈이긴 자〉에서 여름, 세상, 사람이 다 주체자다. 그들이 상호간에 어떻게 대립하고 어떻게 대처하고 있느냐에 대한 컨시트적 비유는 참으로 기상천외하다. 그의 시선이 주체와 객체를 나누는 것이 아니고 시선이 머무는 곳이 주체가 되므로 관찰 대상마다의 역지사지(易地思之)를 경험하게 된다는 점에서 시계(視界), 즉 사유의 폭이 넓다는 것을 알 수 있다. 이 짧은 시가 보여 주는 삶의 이미지는 과히 우주적이다.

시 〈꽃샘바람〉에서도 그의 시선은 심술바람이 사과를 후려쳐서 하얗게 질리고, 철쭉을 쳤을 때는 핏빛으로 만발하는 현장에 꽂힌다. 그럼에도 바람은 봄을 향하여 온몸으로 일어나 내미는 이 여린 손들을 뿌리치며 중구난방으로 떠들어 댄다. 바람에서 "떠드는 소리"를 들을 수 있는 사람이 바로 시인이 아니겠는가. 일상에서 별 이유도 없이 일어나고 있는 약자에 대한 강자의 횡포를 꽃샘바람으로 하여 선명한 이미지를 도출(導出)해 냈다.

시 〈공중에서 바라보다〉는 시인이 공중에서 바라

보는 것은 어둠 속 산자락을 덮고, 머리를 맞댄 마을에서 새어나오는 불빛들이다. 그 불빛들이야말로 보석 같기도 하고 동시에 "모닥모닥 이야기가/한 웅큼씩…" 모아져 있기에 그것이야말로 보석이라는 연상에 이른다. 이 보석들이 산자락 밖으로 빠져나오지 못하게 마을 사람들의 시선을 한데 불러모으는 곳인즉 보름달인바, 보름달을 보초병으로 세워 두었다는 발상은 보름달만큼 밝고 따뜻한 시선의 시인이 어른들께 선물하는 한 편의 동화다.

충실하고 아름다운 삶과 시의 눈부신 정진을 기대한다.

추천사 2

일상에는 느끼는
기발한 아이디어를 사실화하는 시

시인 박정희

김숙자 시인만큼 다양한 人生의 깊이를 맛본 사람은 없으리라.

일상에서 느끼는 기발한 아이디어를 사실화하는 詩의 세계. 특히, 이팝나무에 매료된다. 이팝나무를 쌀밥에 표현하며 굶주림에 시달린 양떼들을 생각한 목회자의 그 깊은 마음을 헤아려 본다.

자갈치시장에 떠돌아다니는 노숙인들, 그 많은 사람들이 오르내리는 계단에서 컵라면을 먹는 사람들에게 하얀 이팝나무 쌀밥을 먹이고 싶었으리라.

다니엘 12장에서는 하늘의 별이 되어 영원히 빛나리라고 했으니 주님의 마음을 이팝나무에 비유하여 세상의 가장 작은 자에게 한 것을 은유적으로 표현한 것은 목사 김 시인의 뛰어난 감성을 표현하였다고 볼 수 있으며, 日本의 「善의 硏究」의 철학자 니시다 기타로 先生의 「철학의 길」에서 "허심탄회하게 진실을 생각하는 자라면 어디선가 서로 만나게 될 것이다."라고 설파하였듯이 언젠가 꽃샘바람 속에서 멋진 추억을 만들 수 있으리라 생각한다.

서문

계절이 가고 새싹이 움틀 때마다 가슴이 벅차올랐다. 자연이 힘써 꽃을 피워 내는 소리가 들리고, 빈 가지에 맺힌 씨눈에서 연둣빛 봄이 먼저 보여 설레었다. 근심 가득 쌓이던 날은 비가 시원하게 쏟아져 마음을 씻어 주는 듯했고, 호로롱 우는 풀벌레 소리가 한밤의 빈 가슴을 위로해 주기도 했다.

삶에서 진지함과 경쾌함은 함께 가야 하고 한 번뿐인 시간을 가벼이 보내지 않아야 한다고 생각하며 어떤 상황에서도 웃음을 잃지 않으려 애썼다.

시에서 비유를 사용할 때 유머와 해학성을 찾아내는 것은 나의 취미이고 웃음코드다.

비행기에 올랐을 때, 기차에 탔을 때, 여행을 갈 때, 시상이 터져 나온다. 혼자만의 공간에서 나그네가 되는 시간이기 때문에 그 외로움은 아름다운 경치와 버무려져 단풍처럼 고운 시들을 낳는다. 고통의 순간에 절절히 쏟아지는 시들은 내 맘을 알아주는 유일한 동무가 되어 나의 마음을 정확히 표현해 주었고, 그러면 그 마음이 정화되곤 했다.

나에게 시는 나의 생활이고 취미이며, 나의 일기이고 놀이다. 그리고 치유다.

속이 훤히 들여다보여 혼자 읽어 보았던 숱한 문장을 더 다듬어 잘 만들어 보겠다는 탈고의 시간도 내가 아닌 것 같아 힘겹던 감동의 초고로 되돌려 놓았다.

나의 인생 속에서 자연이나 사람이 주는 아픔은 주님 오시는 징검다리가 되었다. 외로운 날, 힘겨운 날, 고통의 날이 모두 주님 오시는 길목이 되었다.

내가 아무 것도 붙잡을 수 없을 때에 나는 꽃과 새와 나무와 새파란 하늘과 말할 수밖에 없었고, 만물을 만드신 보이지 않는 그분을 부를 수밖에 없었다. 만물은 나와 대화하기 시작했다.

그들이 말하고 나의 마음은 그들과 이야기하였다. 외롭지 않으면 어찌 그들과 대화하랴. 힘들지 않으면, 억울하지 않으면, 어찌 그들에게 하소연하랴. 그때마다 마음의 말을 남겼다. 그것이 시가 되었다.

그래서 나는 더 알게 되었다. 만물을 만드신 주님이 나를 얼마나 사랑하시는지를…. 그래서 외롭고 힘들고 고통이라고 느껴질 때는 그것이 주님 오시는 소리라는 것을…. 나를 찾아오시는 그분의 발걸음 소리라는 것을…. 그리고 나는 주님을 더 확실히 알게 되었다.

이 책은 그때마다 마음을 조금씩 떼어놓은 작은 글을 모아 출간한 것이다. 그 징검다리의 마음을 나누어 드린다. 이는 모든 인생의 길목에 주님 오시는 소리가 될 것이라. 외로움은 빛 되신 주님 오시는 소리! '외로운 날에 빛이 오는 소리'가 들릴 것이라는 소망 하나로….

2015. 4. 7.
봄비 내리는 날
김숙자

목차

1부 외로운 날에

2부 빛이 오는 소리

1부
|
외로운 날에

이긴 자

여름은
자신을 알리려고
세상에
불을 놓았다

세상은
자신을 알리려고
불을
마셔 버렸다

그러나
사람들은
온몸으로
가을을 불렀다

이팝나무

굶주림에 한이 맺혀
쌀밥에 굴렀나요
하얀 밥 머리에
허리에 치마에
허기져서 못 먹고
뒤집어썼나요
새하얀 송이 무더기
쌀밥 그만 보이고
이제 차근차근
국 말아서 드세요

꽃샘바람

심술바람 상큼 와서
꽃사과나무를 후려쳤다
흰꽃들은 놀라
하얗게 부서졌다
핏빛으로 만발한 철쭉
연두 잔디 꼭 붙들었다
아름답고 여린 것이
온몸으로 일어서는 봄
세상에 내민 손을 뿌리치며
샘바람 중구난방으로 떠들었다

공중에서 내려보다

까만 산지붕이
보석 무덤을 덮었다
그 사이로 보석들이
흩어져 쏟아졌다
모닥모닥 이야기가
한 움큼씩 모아져 있는
보석들은 산지붕 자락을
빠져나올 궁리를 하는지
산은 그걸 알고
미리 파수병을 두었다
두둥실 허공에
모두 보이는 곳에
보름달이라는 보초병을
세워 두었다

태풍

숨 안 쉬고 참아온 열기
거세게 위로 떠올라서
지구 한편을 한바탕 돌아
바다를 뒤집고 뭍을 때려 엎고
그래도 모자라 세상을 눕혀 놓은
태풍의 위력에 오금을 떤다
화가 나서 미친 바람
낙과 즐비하게 깔아 놔도
꿈꾸고 다시 잠자는 자처럼
속 후련하다는 듯 털고
바다로 들어갔다

된장찌개

바글바글
뚝배기 안에
장맛 물에 잠긴
조개는

두부와
양파와 버섯과
어우러졌다

보글보글
뒤치락엎치락
손을 잡아 흔들어

서로 자신의
향취로 한껏
맛을 토한다
온몸을 짜낸다

딸아이의 손에서
오늘도 자신을
녹여 낸다

봄 오는 겨울나무

꿀꺽
물먹고
오스스 언 날들

나뭇가지 끄트머리
눈 반짝 뜨고
바람 한 점 없는데
올라가는 기운

땅속이 녹는 소리
물오르는 소리
우뚝 서서 모질게
지내온 시간

옷깃 바스스
온몸으로 올리고

이제는 온기
달궈진 체감에
가슴 발개져 기다리는 봄

뻿기지 않으려고
물켜는 겨울나무
추운 척 손들고 떨고 서 있다

외식

휘영청
부풀은 달이
바다에서 올라와

안동보리밥
지붕 꼭대기에
매어 달렸다

산들바람이
어깨를 덮으려다
나무 잎새 한줄기와
눈이 맞았다

바라보는 사람들
모두 즐거워
마음 문을 활짝 열어 버렸다

에어컨

나는
여름에 환영받는
달궈진 몸 식히는
에어컨
차가운 겨울
나의 존재는 아랑곳없으나
무더운 여름
잊혀진 이름 불러
다시 또 찾는
에어컨

방송 드라마

세월 가다
움푹 팬
너의 사연인가

바람 날려가다
가지 걸린
나의 사연인가

나 밤이면
방송 드라마
눈 가리고 혼자
열중했네

너 사연에
내가 왜
분노하며

너 하는 말
내가 왜
기억하는지

내일은 웃으리라
안타깝게
하루 더 기다리는
행복한 시간

주머니 장사

사람은
주머니 장사다
수많은 주머니 달고
이리저리 팔고 사는
주머니 장사다

기쁨 주머니 사고
슬픔 주머니 팔고
고통 주머니 사고
해결 주머니 팔고

사람은
주머니 장사다
어떤 주머니를 사고
어떤 주머니를 팔까

이른 아침에
선한 주머니 찾으라
내가 남에게
좋은 주머니 팔 수 있도록

내리는 낙엽아

내리는 낙엽아
청청 푸르던 날 푸르르게
푸른 하늘 가까이서
온몸 바쳐 계절을 불러
너는 이제 겨울을 위하여
져내리려 하는가

사람들 발밑에 내려와
세상을 덮고
그리고 잠잠히 기다리는 너
흙 속에 고요히 묻혀
온몸 녹여 사랑하지
너 아무도 바라보지 않아도

어찌하랴
그것이 너의 사명이라면
한 철 지고 말면 잊혀질 거라고
이제 엎드려서 고개 떨구고
고요히 주인의 뜻 기다리는
너는 아름다워라

출산

밤새 뒤트는
해산의 진통

전심을 다해 토하는
고통의 바다

드디어 터지는 태양
아픔의 물결로 더 일렁이고

붉은 물 흘러내려도
환희가 번지는 바다

바다는 오늘도
생명을 낳는다

붉은 덩어리 한순간에
울음 터뜨리고 떠오를 때에

찢겨진 바다는 아무 일 없는 듯
온 힘을 다해 하늘로 올린다

세상에 비추어라 내 자녀여
온 세상을 다 밝혀다오

바다는

바다는 밤새
진통하지
물결 일렁이며

바다는 밤새
통증을 호소하지
온몸 줄이며

마침내 아침 오니
불끈 낳는
불덩어리

화기로 번지는
하늘가
타는 수평선

천지는 온통
붉은빛
밝아오는 온 세상

맛있는 모녀

마주하면
정겨운
입맛 웃음

고소한 향기
미소 당기고
솔솔 깨소금
내리는 소리

군침 감추고
볶음질 손 놓으면
와르르 터지는
맛있는 모녀

인생은 낭비가 아니다

인생살이는
낭비가 하나도 없다
무거워도 가벼워도
살아지는 것이고
괴로우면 기쁨을 알고
즐거우면 슬픔을 안다
없어서 힘들면 있어지고
미워하다 보면
사랑을 배운다
멍하니 하늘을 보며
그냥 살아 버린 세월이 애통하다
그것도 낭비 아닌
알찬 인생이었다는 것을
세월이 지나서 안다

가을 오는 천태산

천태산 갈매미
귀를 씻는 소리
청록색 짙은 나무
손바닥 붉은 물들이고
휘파람새 가을 나무에
낙서하는 하오
붉은점 박힌 산자락
배고픈 사람들 환영하며
어느 맛깔 나는 곳으로
안내하고 있다

벚나무 마주하여
반겨 주는 터널
분홍 봄날을 기약한다
내가 나무 중
가장 사랑하였기에
나를 따라 옷 입는가
푸른 가운데 자신을
드러내 보이려고
제일 먼저
옷 갈아 입고 있다

삶아 먹는 여름밤

끓는 시간을 기다려
깊은 맛이 우러나게

끓는 시간을 기다려
아픔이 우러나게

깊은 맛의 아픔이
나를 크게 한다

더 깊게 더 아프게
터지는 육수

붉어지는 태동
큰 소리로 울부짖는
고통의 소리

끓고 나면 환호로
삶아 먹는 여름밤

야간 드라이브

산은 큰입 벌리고
숨 쉬는 대로 나락 들락

이지러진 달빛
전심을 다해 따라오고

끝나지 않은 고속도로
이어 주고

밀어내면 다시 또
산을 뚫는 도로 끝

수없이 보내는 산산
귓전을 스쳐 보내 버려도

작은 가슴 한구석에
떨쳐 보내지지 않는 응어리가 있다

등산

산 오르는 것이 힘든 이유는
자기 몸의 무게로 인함이요
산 오르는 것이 힘든 이유는
끌어내려지는 힘으로 인함이라
나 인생의 무게 느끼며
애쓰며 살아온 발자취
하나씩 밟아 가며 오르는 산행
힘주어 묻힌 기억들 꺼내
꽉 밟고 지나가는 산길
하늘이 가까워지는 기쁨에
설레는 표정
먼 옛날에 있었던 큰 산 오르던
순수한 젊음의 발걸음 떠올리며
빨리도 지워 버린 그리운 세월조각
오늘 다시금 주워 든다

공항을 떠나며

은날개 펼친 커다란 요람 안에
작은 내 한 몸 한편에 넣어
한껏 내뿜는 기체 한줄기 밀어 놓고
까만 허공으로
쏘아 오른 그 기세
차가운 불빛 깜박이며
구름 속에 파고들면
저어기 멀어지는 김포공항
스치는 창 너머 꼬리긴 불빛들이
하나둘 춤을 추다 사라져 가고

아무도 없는 비인 마음은
혼자 앓아서 아픈
가슴 한편이
통증이 커서 몸살을 하고
그 머리엔 온갖 계획들이
쏟아져 내려와
발 아래 눕고, 꼭 눈감아도
보이는 얼굴들
이 밤 돌아봐도
다 낯선
대지와 멀어진 고공에서

밤의 여운

대지는 곤고한 꿈속에 있고
번민하는 자만이 눈 뜨는 시간
절망이 가슴에 토옥토옥 떨어지고
그것은 물감처럼 번져
전신을 찌르고
이제 종점 향한 기차는
기적소리를 내며
가쁜 숨을 몰아내고
철렁철렁 목소리는 쉰 채로
목이 메인 채로
밤새 뒤흔드는 창가 바람소리
오, 이슬마저도 자취 없이
다 가지고 가 버린 밤의 여운

자작나무

세월이 만지고 지나간
산어귀에
자작나무 하얗게 웃고 있다

모진 햇살에 그을린
소나무 참나무 아랑곳없이
옷 시원하게 벗어던지고
하늘만 보고 웃고 있구나

계절마다 부르는
하고 싶은 일 하도 많아
까맣게 타는 속살
하나하나 벗다가

넌 그렇게 하얗게
자작나무 되었구나

이별

낙엽이
땅 위에 져내린 것은
가을이 오기 전에 이미 바랐던 것
기다렸던 것

산들한 바람과
우뚝한 가지와 새들과
이미 이별 연습을 했었지

그러나
새삼 바람소리에 놀라고
서리에 얼어붙어
바닥에 구르는 낙엽은
져내려 슬픈
자신의 자리에서 순종하며
가슴을 태우지

멀지 않았던
몇 날 전에 빛나던 태양빛
초록의 장 위에서 유유하던
투명한 기억을 아직도 그리고 있지

송정에서

흐르는 어둠의 안개
파도자락이 부여잡고
씨름 한마당 오늘도 팽팽하다

큰 산 검은 옷 입으면
놀라서 눈뜨는 불빛
아 또 저녁이런가

또 씨름하는 바다 끝
어둠과 물결이
언제나 넉아웃되는 밤바다

친구

내 가슴 속 안에
언제나 있는 사람이여
채색된 마음 위에서
진주 빛깔 찾아내고
보라색으로 산 그리겠다던
시인 같은 친구여
지금은 어느 하늘
어느 곳에서
분홍 벚꽃 날리는
꿈을 꾸고 있는가

들이닥친 낙망을
녹차 마셔 가며
도리어 소망으로 바꾸던
그날을 기억하는가

겨울비

아직은 얼어붙지 않은
마른 대지에
보오얀 안개 속으로
찬비 내린다
어쩌다 남은 가을 잎들은
가지에 달려
몸부림친다
사방은 보이지 않고
적막으로 천지 덮여
아, 져내려다 머금은
숨 한 줄기
길게 내어도 되돌아옴을
절규한다

산아! 산아!
저만큼 물러앉아라!
바다여
밀려오너라
내 가슴에 가득 찬
이야기 헹구어
너와 나와 반씩만
나누어 가자

가 버린 날들

깊은 새벽녘
혼자서 잠 못 이루고
뒤치락엎치락
한 세월 또 갔네

무슨 할 일이
또 내게 있다고
이다지도 광대한
꿈을 꾸는가

좋은 세월 다 보냈다고
혼자 슬퍼하는 난
아무래도 다른 영의
생각인가보다

그렇게도 열심히
그렇게도 부지런히
너무도 삶에 열중하여
아마도 세월을 배로 살았나

왜 난 이렇게 지난날이
뼈저리게 아쉽고 그리운가
못 다한 맘 뿜어
내 한이
공중에 가득해서 그렇겠지?

외로운 날에

오늘도
나는 진통하지
뇌리는 묵살하지

오늘도
나는 휘청이지
빛 가린 골방 속
썰렁한 공간

한줄기 바람
바스스 떠는
마른 풀잎소리
바람은 맴돌아
고요히 사라져도

여윈 가슴 여미며
쓸어 내는 아픔
이 아픔 그 누가
밀어내 주지
펼쳐진 책장 사이
이슬 그리며
지친 마음은 땅 깊이

오!
햇살은 내게도 내리건만
내린 눈망울에
들여 비추지도 못한 채
지고 말려나
지고 말려나
이 대지 위에 홀로 선
가랑잎 같은 나

불타는 산야

그리움에 타느냐
산야여 어찌하란 말이냐
허허로운 들을 돌아
고독한 봉우리 정상에 앉아
소리도 없이 타는 초가 되어
아! 아! 타내리느냐 산야여
내 마음은 바람 한 점 불티가 되어
산자락에 고요히 흐느끼노라
내 마음은 핏빛 잎새되어
저항 없이 불꽃을 맞이하노라

아! 아! 이 가을 한 모퉁이에서
한 점 남김 없는 미련을 찬양하나니
그리움에 타느냐
산야여
지나간 춘음 다 모여
불티되었는데

바다

내 마음 적시려고
바다 보았네
바다는 날 보고
넓히라고

내 마음 달래려고
바다 바랬네
바다는 날 보고
눈물 부으라고

내 마음 위로하려
바다 보았네
바다는 날 보고
바다 되라고

내 마음의 저수지

내 마음의 저수지에
낚싯대를 던진다면
무엇이 걸려
한 아름 올라올까

내 마음의 저수지에
그물을 던진다면
무엇이 가득 담겨
터지도록 올라올까

수많은 날 감추어 둔
퍼렇게 멍든 심장
아픔에 감싸놓은
파르래한 내 보따리

바다 향해 돌아앉은
외로운 바위산
한 많은 벙어리 맘
켜켜로 쌓여 있어

고갯마루 만들고
산 하나 만들고
연못 넘쳐 돌무더기
만리장성 쌓을 거야

달 아래 서면

달 아래 서면
내 마음 호수가 되고
달 아래 서면
내 눈은 별이 된다

달 아래 서면
고독과 기쁨이 달음질치고
달 아래 서면
내 몸이 슬픔의 석상이 된다

너무나도 멀어
잡히지 않고
너무나도 아까워
바라보기도 겨운

달 아래 서면
세상은 저만치
달 아래 서면
슬픈 내 마음

은행나무 한 해 더 산 이유

은행나무 한 해 더 산 이유는
열매 맺기 위함이라고

힘들어 고개 허리 다 내리고
짊어진 열매로 무거워

바람과 입담하며
훌훌 털어 내는 잎사귀

이제 가을 노랑물 다 쏟아놓고
하얗게 단장하는 모습

은행나무 올해도 할 일 다했다고

욕심으로 눌린 사람들 앞에
오늘도 당당하게 하늘 보고 웃고 있다

야간도주

달은
나를 따르라 하고
바다에 주저앉은 검은 하늘

칠흑 같은 산야
먹물에 잠겼는데
점점이 찍어 내는 외딴 불빛

누가 사는지
누가 사는지
불빛만 가물거리고

이 밤 나사리(羅士里)
우린 너무
멀리 왔나 봐

세월 지나

네모난 악기 눌러놓고
책상 모서리 잡고 서서
까딱거리던 앙증고개

자지러지는 엄마
어느덧 세월 지나
그 아기 엄마 되었네

가물가물 헤아려도
몇 날 전 같은데
그 아기 간곳없고
엄마 되어 웃고 있네

세월아 너는
나 우리 아기 돌보는 새
빨리 가 버렸니
그 시절 웃음 가득 싣고
터지는 볼가에 자장가 부르는
나 엄마 시절 너무 그립다

미지의 세계

미지의 세계로 떠나가서
새로운 세상을 바라보는 것이
두렵고 귀찮은 일이라면
왜 사니

삶 자체가 날마다 새로운 것인데
늘 그렇게 안정감으로 반복하고 산다면
왜 사니

근심은 또 다른 나의 새로운 계획
안정감은 늘상 있으나 머무는 것

다 돌아보아도 또 다시 보이는 새로운 곳
그곳에 가서 기쁨 희망 찾아가지고 오리라

왜 사니
이렇게 반문하지 않는 내가 되어
늘 꿈을 꾸는 자가 되리라

지구 밑에 내려와서

지구 밑에 내려와서
내 살던 보금자리를
자세히 들여다본다
땅도 비좁고 마음도 비좁고
여유도 없고 강퍅한 사람들

지구 밑에 내려와서
저만치 있는 나를 바라본다
언제나 외롭고
병풍 안에 바위를 안고 사는
시야 좁은 애통하는 사람

나 이대로 살지 말라고
주님 이끌어 내셨다
넓디넓은 대지를 내게 보이시고
이렇게 살라고 말씀하셨다

초원의 양떼들
흘러 굽이치는 물
바라보며 옛날로 돌아가라고

아직은
소망의 무지개를 꼭 잡고
더 달려 펼쳐질 그날을
기다리라고
나 힘주어 시드니의 공기 만끽하며
이제 돌아가련다
눈물이 나지 않고 울 때에
다시 이곳을 내려다보리라
그리고 비전을 놓지 않으리라

시드니의 초여름

청색 물감에 노랑을 탄
절묘하게 푸르른 진연두
늦가을 속에서 출발한
아홉 시간의 지루함을
한껏 만져 주고
광활한 지평선의
평온하고 눈부신
대자연은 나의 눈을 붙들고
자연을 담은 거대한 땅
시드니의 하오
푸르른 너머에 꿈이 있어
한껏 날아왔구나

블루베이

높은 산 가로질러
세로로 다시 질러
멀미하며 다다른
블루베이

낯선 땅 그러나 정겨운
옥 빛깔 푸르른 치맛자락
대지는 바다가
너무 아름다워
가슴에 꼬옥 안고 팔베개하고

저만치 가야 하는 바다
깊은 잠에 빠져 버린 육지
나 오늘 여기 다녀간다
소리 질러도
들은 체도 안 하는
블루베이

타타비치를 떠나며

아름다운 바다는
별장을 툭툭 치고
쪼로롱 산새소리 즐거운
타타비치의 아침
청명한 봄 공기에
속살 다 비치고 있는
하늘과 땅 그 사이의 나
주님의 기운은
여기서도 가득하고
이제 떠나야 하는
북쪽 끝 뉴질랜드
또 언제 오나

카이포라 해변

남태평양
휴일 하오
물개들 떼지어
나뒹구는 어리광 모습

나지막한 해변
오찬을 갈매기와
맛있게 나누는 시간

길게 지나쳐 가도
너무도 좋은 바다
나 여기서 살고 싶어

지구 아래 내려와도
내 찬양 들으시네
여기 있어도
주님 앞이네

그랜드 캐년

천년을 드러누워
절벽으로 날아 떨어진
지구 골짜기 한쪽

누가 너더러
그랜드 캐년 했을까

천애의 절경 골짜기
큰산 잘리워
너는 마냥 기다리고만 있나

나 오늘 네 거대한 품안에서
다람쥐와 놀다가 간다

사할린의 거리에서

언어도 소통되지 않는
연두빛 사할린
봄도 아니고 겨울도 아닌데
어리고 어릴 적에 본
5일장 같은 거리여

나 아는 이 없어
강아지풀 뽑아 들고
아 이건 내가 아는 풀이라고
싸늘한 공기 옷깃 굳게 여미고
차갑다 못해 얼어버리는
사할린의 거리에서

아리조나에서 뜨는 태양

거대한 지구가
한눈에 보인다
끝없는 사막에
천지를 비추는
뜨거운 태양

지구를 들어
더 들어 올려
마침내 터뜨리는
저 빛 태양이 큰 숨 쉬며
올라오는 소리

가슴이 터져
내 가슴이 폭발해
고작
내리는 눈물
나 어떡하라고

봄비

비는 여전히 내리고
꽃망울은 점점 불어간다
어느 누구라서 봄비 마다하여
두문불출할까
봄소식 들려오는 계절에
아 깜짝 세월이라고
만져볼 수도 없는 세월이
빗물 속에 숨어서
그리움도 통통 불어
무거워졌다

북풍

이제는 분노를
푸시옵소서
겹겹이 얼어붙은
차디찬 한을
겨우내
야산 문풍지
울며 고하던 야윈 손
아, 파릇한 새싹
기지개 펴는 봄에
이제는 분노를 푸시옵소서
대지의 사랑이
햇살로 펼쳐지는
사랑이 그대에게 임하시기에
사랑이 그대에게 임하시기에

인생

인간은 태어나
가는 날을 준비하고

사람은 만나서
헤어질 때를 준비하지

시작하며 끝나는 날을 마련하는
인생은 그래서 곤고한 것

외롭고 혼자라도
걸어야 하는 것

지는 해 바라보며
이 세상 떠나
보고할 일들을 생각한다

복수초

광야의 바람소리
차가운 눈보라
혼자서 견디다
흙 속에 숨었다

강가 시린
모진 겨울밤
의지할 곳 없어서
얼음 덮고 누웠다

고인 눈물
흐르다 얼어 버린
수많은 날 아픔에
꽃이 되었다

가슴 속 열기는
노랑 불꽃되어
마침내 봄을 끌고 와
겨울을 이겼다

기내에서 흘린 마음

엮어 놓은 가슴 안에서
올이 풀렸다
그것들은 이내
아래로 사방으로 내려가고
무디도록 가두어 놓은
생각의 세포들이
공중의 바람에 녹아지고
깨달음으로 열려졌다

내 소중한 가족들에게
정작 주어야 할 사랑이
나의 손길이 못 미치는 게
가장 슬프다

나 공중에서
그들이 멀어진 곳에서
나는 나를 본다
주어도 주어도
아깝지 않은 사랑
그 사랑 나는 왜
멈추고 사는지
이제는 온 맘 다해
사랑하리라

친정 어머니
내가 잠들려면
들리는 어머니의 목소리
내 온몸 생겨나 자라났던
껍데기를 벗어나 방황한
그 세월이 얼마던가

해 저문 하늘 가득
온통 그리운 어머니 얼굴
지금도 해말갛게 웃으며
내 손 잡아 주는데
아 등 굽히고 나앉으신
가련한 그 모습

젊은 날 발그레 화장하고
미소로 동행하던 나들이 추억들
오히려 아픔 감추려
생각 참으며 애쓰던 그날들
이제는 정말로 망각 속에 얼굴
어머니 나 가슴이 너무 아파서
정말로 잊고 살았어요

혈육이란

동생 내외가 다녀가고
보내고
방안에 들어왔는데
아려오는
가슴의 통증을 느꼈다
간격 없는 답답함과
슬픔과 외로움의
진한 범벅이…….
10초 간이나 사방으로
찢어지고
폭파하는
아픔이었다
혈육이란 만나면 아픈 건가
알 수 없는 벼랑에 고통을
이 아침에
들이마셔 버렸다

위대한 자

포기할 것을
포기하는 자
버릴 것을 버리는 자
위대한 자다

속이 빈 강정같이
비워 보자
생각을 털고 비워 보자

웃을 때에 웃는 자는
위대한 자다
때 지나고 후회하는 자는
어리석은 자다

언제나 지내놓고
후회하는구나

언제나 지나간 것이
아름답다고
그렇게 생각하는 너는
그래서 날마다 가슴 시린 너는
알뜰한 인생을 살아가는 자였니?

너 없이는 살 수 없어

네가 없인 못 살아
기다림에 지나서

눈 꼭 감고 찾아도
난 널 찾아

때로는 고요해도
나는 좋아

부산스레 울어도
내가 먼저 달려가지

잠을 자도 길을 가도
난 너를 기억해

기다림에 죽어도
넌 나의 분신

외롭고 슬플 때
넌 나의 동반자

그대여
입 꼭 다물어도
네가 있어 행복해

핸드폰에게 주는 글

사랑니

사랑이란 이름 하나 머금고
든든한 대열에 의지해서
나는 뒤늦게 온 죄로
맨 뒤에 서 있었다

넘치는 일 순간마다
보이지 않아도 열심으로 일하였고
그들이 밀려 나올 때마다
힘써 말리며 버텨 주었다

세상에 관심이 내게 없어
무명으로 청춘을 보내고
다른 이들이 하나씩 상해갈 때
나는 그들을 위해
어느 날 송두리째 뽑혀 버렸다

내가 섰던 그 자리에 그들은
넉넉한 터전을 이루고
나를 잊고 하나로
뭉쳐 버렸다

나 혼자 떨어져 나와
난 새로운 길을 간다
보이는 곳에서 나도 알아달라고
고대하며 기다리던 그날이
정녕 아닐지라도

아무도 보지 않는 이곳에서
난 또 새일을 꿈꾸고 있다
말할 수 없는 환경에 있으나
그래도 내 이름은 사랑니이기에

2부

빛이 오는 소리

문

열면 한통속
닫으면 남남
작은 문 하나가
사이를 가른다

열면 이해되고
닫으면 분리되는
문 하나 사이

열면 함께하고
닫으면 외로운
문 잡는 자 누군가

오늘 이 아침
사람들 모여서
끼리끼리 문
열고 닫고 있구나

빛이 오는 소리

아픔은 빛이 오는 소리
손바닥만큼 아프면
저 멀리 산너머 빛이 오고

머리만큼 아프면
빛은 지구를 넘어 온다

차곡히 쌓여진 멍자욱이
빛을 데리고 온다

머무르지 않고
인생이 힘든 것은
그 빛이 아픔의 바퀴이기에

굴러서 굴러서
그 화안한 기쁨
내게 실어다 준다

빛은 떠나지 않는다
다시 또 깜깜해져도

그 빛은
하루만 뜨는 태양이 아닌
영원하신 빛이기에

하늘 아버지 기다리신다

하늘 아버지 기다리신다
잠 깨면 보자

두루 돌아보시고
깊은 잠 깨면 보자

이리저리 살피시고
또 잠 깨면 보자

천 년을 하루처럼
기다려 주신 아버지

깨면 만나 주시려고
삶의 변화 주시려고

나 세상구름 덮고 잠잤네
수면제로 양식되었네

나 깰 때 누가 기다리나
수면 중에 있는 자신을 알기나 하나

깨어나라 게슴츠레한 마음
그 빛이 입술에 닿았으니

주님 오시는 전조(前兆)다

기억도 나지 않는
지나간 날의
가슴 시린 순간을 붙잡고
머물러 아파하는 것

정말 싫은 일이다
아픈 일이다
더 연장하는 일이다

그러나
내 영혼이
낙심의 분량에서 절여졌다
온통 녹여졌다
온몸으로 번졌다

난 고뇌하고
난 눈물조차 흘려내지 못한
가시덩이를 먹었다
쓰라렸다

난 이제
알았다
고통의 정체를
그러나
그 순간을 넘지 못하면
거기서 머물면
안 되는 것도 알았다

그 통증은
주님 오시는 전조(前兆)다
주님 오시는 전조(前兆)다

주님은 내 슬픔을 짚고 오시네요
주님은 내 아픔을 딛고 오시네요
주님은 내 눈물을 밟고 오시네요

고통으로 다리 놓고
나 기다리는 것이
주님 맞는 길이라는 것을 아는
오늘 이 아침

어서 오십시오 주님
내 가슴에 눈물이
흠뻑 젖었습니다

주님이 오시는 소리

주님이 오시는 소리는
살며시 낙엽처럼 오시어
태풍 같은 바라보심과
폭탄 같은 안으심으로
나 놀라 쓰러졌을 때

깃털처럼 만지시고
물결처럼 쓸어 내시고
안개처럼 품으시사
나 그 안에 두시며
다사한 모닥불 지피시고

세상 만물 내 것이니
너에게 주리라
지난 아픔 그래서 얻은 건
주님 만난 것
만물의 주인이신
주님 만난 것

지난날의 죄의 유산들

지난날의 죄의 유산들로
사는 우리들
지금도 끊지 못하고 걸려 있는
죄의 자락들로 맹하게 살고 있다

새 영 새 마음 풀어 주셔도
또 멍하니 되는 대로 사는 우리

순간순간 무엇이 주님 것인가
아는 자와 싸워 가는 자
그리고 이기고 가는 자 누군가

자기 꾀에 속아 오늘도 어리석게
이겼다 내꺼다 왔다 먹었다 모았다 지냈다
이렇게 쾌재 부르고 웃고 있는
그 속에 정체는 무언가

진저리로 정수리에 쥐나게 하는
그 회색 물체를 내어쫓자

육체가 그 영대로 따라
열정과 기쁨과 희망이 터져 나오는
그런 마음 되고 싶다

내가 아니고 너야

내 안 그 속에서
슬퍼하고 있는 너
그건 내가 아니고 너야
내가 잠든 사이
통제를 넘어서
내 것처럼 슬며시 흘러나오지
내 안에 더 깊은 곳
기쁨 훔치러 와서
담을 쌓아 못 흐르게 막고 있지
내 안 깊은 곳에서
슬퍼하고 있는 너
그건 내가 아니고 너야
하늘에 내 아버지
널 보고 계시니
예수의 이름으로 떠나가라!

내 마음의 눈물병

내 마음에 고인 눈물
콸콸 쏟아 함께 나눌 이
이 세상에 없어요

내 마음의 눈물병을
콸콸 쏟아 함께 마실 이
이 세상에 정말 없어요

넘쳐서 흘려 버린
버려진 눈물은 얼마랴
그 조차도 내가 알 수 없는데

나 견디어 흘리지 않은 눈물
참고 묻어 둔 눈물 다 흐른다면
강이 되어 흐르겠어요

그러나 그 언젠가 주님은
그 눈물 받아 측량하시니
내 눈물 주님의 강 되기 원해요

기도

밤하늘의 별빛이
어두움에 더 빛나듯
먹구름 하늘 덮으니
조명 더 밝아지고
내게 하늘 그림자 지나가니
나의 영이 더 빛난다

모래알 같은 뭇사람들의
만남의 의미를 알게 하는 은혜가
빗소리처럼이나 촉촉이
마음속에 내리고
새까맣게 눈뜨는 대지와
꼭 손잡은 이 밤도
아픈 만큼이나 차가운
빗줄기 … 빗줄기 …
순간
총총히 발길을 돌리려는 나의
미소로 올리는 기도

고통은 내 것 아니야

수많은 새벽이
그렇게 아팠던 것은
주님이 그렇게
아프셨음이라

수많은 새벽이
그렇게 고통이었던 것은
주님이 그렇게
고통이셨음이라

주님의 목전에는
천 년이 지나간 어제
나의 눈에는
한 경점(更點)이 천 년 같으니
나 주님 맘 몰라서 고통이었네
나 주님 맘 몰라서 죽음이었네

내가 한낮에도
어둠이었던 것은
주님 빛 사랑의 빛
찾기 위함이
주님 날 위하여
검은 지붕 허락하셨고
나 한순간에 생명 주심 알게 하셨다

주님의 고통은 사랑
내 고통은 죽음
주님의 외로우심은 사랑

내 외로움은 주님을 부르는 아픔
나 이제 알게 되었다
주님이 알게 하셨다

주님 생명 내 안에 주시려고
찢기는 시간들이
나 긴긴날 아픔이었다
나 알 수 없는 죽음의 순간이었다

순간마다 알라
주님 내 안에 계심
그리고 이제는
그분으로 인하여
활짝 웃으리라

회복

십자가, 녹슨 창에
기꺼이 자신을 제물로 드린
예수 그 이름처럼

만성이 된 영혼의 아픔을
회개와 눈물로 쪼개어 낸다

내 영혼의 응급수술
피하는 나 병을 키우고
쪼개는 나 치유 받으리

이상하지
쪼개는 아픔보다
떨어져 나가는 죄가 더 시원하다
도려낸 상처 위에 치유의 손길
지나가시리

생명 씨앗

광야에
길다란 외침 듣고
우리 모였네

10년 전
하늘의 부르심이
이곳에 내려

암울한 영혼들
혼을
흔들어

말갛게
해말갛게
씻겨 주시고

마른 가지
다 모으시고
불을 지피셨네

작지만
강력한
새 생명 불씨

연노랑
기도가
진초록되어

알곡
우리 오늘도
익어 간다네

여름 강습회를 마치고

가슴 속에 강물이 흐른다

열광 중에 보내어진 단어들이
마디마디 날아가고

그것들은 공허로 남아
강을 이룬다

아무 것도 없는 아예 슬픔 같은
허전함은 무엇일까

홀로 나앉은
빈 그릇 같은 마음
그러나 강물은 여전히 흐르고
머무를 바다를 마냥 그린다!

아! 그러나

여리고 약한 가슴은
언제나 강일 수만은 없다

이제,
이 해맑은 얼굴을 드리울

깊은 산 작은 시냇물이
되어야 한다

그들이 마시며 뛰노는
작은 그늘과 동산을 만들자

내 가슴은 또다시
운동장이 되어

여름성경학교 아이들을
가득 안고 있다

낙화

화려했던 몇 날 전
추억하며
햇빛 돌아앉은 너
온 대지 위의 꽃들
그보다 더 뽐내더니
이제
일그러진 꽃잎파리
등 굽은 줄기
내쉬는 숨 가빠
땅 보고 고개
숙이고 말았구나!
오호라
청춘은 가고
오지 않으니
하늘나라
사모할 수밖에

산 위에서 기도

하늘 아버지 그림 그리시고
딸들은 아버지 소매끝 당기고
아버지께서 천지에 색칠하시면
딸들은 한 번 더 감탄하고

그래도 아버지 얼굴 올려다보면
바라만 보아도 다 아시는 마음
충만케 하소서
아버지 마음 알게 하소서
외치면 아버지 사랑스러워
붓끝을 잠시 놓고 안아 주시지

울지 않아도 우는 마음 아시고
소리 내지 않아도 다 아시지만
그래도 아버지는 못 보신 척
딸들 음성 듣기 좋아하시지

파란 하늘 그리시고
흰 구름 한 조각 더 그리시고
파랑새 한 마리 날려 주신다
아, 초롱초롱 아름다운 산새소리로
너희 기도 다 들었다

아침의 시

모든 아픔은
주님께
저축하는 것
기뻐합시다!

그러나 기뻐하려고
애쓰지 맙시다!

주님이 오시면
기뻐지는 것

기쁨이 흘러나와
주님을 보는 것

그래서 오늘도
주님을 부릅니다!

자기포기

자기를 포기함은
영으로 가는 열쇠다

자기포기는 과거에 대해 잊고
미래는 하나님께 맡기고
현재는 주님께 바치고

지금은 순간도 만족
하나님의 나에 대한 계획 나 알기에
사람도 환경도 모두가
주님으로부터 오는 것이니

삶의 모든 영역에서
하루를 주님께 드리고
나, 나를 포기하고서
주님께 다 맡기는 것이다

하나님은 사랑이시라

하나님은 사랑이시라
하나님이 주신 아픔이라면
아픈 것도 사랑이라

하나님은 사랑이시라
하나님이 주신 고통이라면
고통도 사랑이라

저 사람은 왜 저래
내가 생각하면 판단하는 것
선악과를 따는 것

그것이 너무 괴로워서
나와 맞지 않는다고 하면
정죄하는 것 죄를 짓는 것

하나님은 사랑이시라
하나님 주신 것은 다 사랑
허락하신 모든 일 다 선한 것

그래서 생각나는 억울함도
하나님 주신 것 나 위하여
미움 녹여 주님처럼 나 사랑하리라

이렇게 먼 곳에 있어도

이렇게 먼 곳에 있어도
내 눈물이 밀려 나오는구나

이렇게 먼 곳에 있어도
내 맘 틈새에 끼어 있는
날카로운 슬픔조각이
저며 나오는구나

울어야지 이제 펑펑 울어야지
울며 살지 못한 내 가슴 속 아픔

눈물이 밀려 흘려 쏟아야지
아직 남은 하루 이국땅

여정 끝나는 시간까지
나 실컷 울어야지

못다 한 맘은 욕심이란다
감사가 연약해 눈물이지

내가 받은 숱한 사랑은
모두가 감사란다
나 한 일 뭐가 있기에
당연히 받는 것처럼 여기는
그러한 마음이 욕심이란다

성지여 잘 있으라
주님 부르시면 내 다시 오리라

기도원에서

낙엽이 토옥 져내리는 소리
산들거리고 내 얼굴을 매만지는
바람 손길 한 가닥

풀벌레 소리와 새 소리에
마음이 맑아진다

소록소록
하늘에 흰 구름 피어오르면
가슴 뭉게뭉게 떠오르는 아픔

외로워 말자고 수만 번 다짐했는데
세상에 있는 것 타고 온 슬픔이

울긋불긋 채색을 한
높은 산들을 바라보면
또 한 번 눈물이 밀리고

어찌할 수 없는
향수 그리움 미련 같은 건더기
그러나 인간적인 요소는 뿌리를 뽑아야지
오로지 주님으로만 대화하는 거야
눈을 꼭 감고 기도하면 이런 것들은 사라지고
아, 귓전에 들리는 위로자의 음성

내 모습

나를 아프게 하는 자들
그들은 원수가 아니다
내가 내 모습 나오는가
건드려 보는 몽둥이다

내가 변화되지 못해
그들이 몽둥이 신세
도리어 나를 돌아보고
내가 돌이켜 바로 서자

두려움과 염려
내 마음에 들어오면
불평불만에 내 맘 내어 주고
내가 내 맘 못 지키면
어둠의 죄악에 들어간다

항상 깨어 기도하고
내 마음 잘 지켜
염려 근심 몰아내고
기쁨의 샘물 감사로 채우자
마음과 생각 평강 안에
생명의 근원이신 주께 의지하라

열매 만드는 나무들(요 15:1-11)

주 안에서 방실방실
열매 만드는 나무들
눈 뜨면 아버지는
새벽이슬 내리시고

감사로 시작하는
동녘의 해오름이
터지는 햇살 속에
피어오르는 기쁨

아버지는 농부시라
가지치기하시고
나 오늘도 순종하여
열매 만들고 있어요

단물에 뿌리 넣고
우리 품으신
사랑하는 주님
그 품 안에서
사랑열매 화평열매
회개열매 맺어요

농부이신 아버지
들포도는 싫어하셔서
주님 주시는 말씀 진액
오물조물 나누어 먹고

성령의 열매 맺을래요
주렁주렁 맺을래요
극상품 포도나무
심으신 대로 맺을래요

진주장사(마 13:45-46)

바다의 신비
우주의 경이
신비로운 천사
다 모여서

우아하고
영롱한
빛 발하는
진주 만들다

금강석처럼 강하고
아름다운 은빛진주
최고의 진주
여기 있어라

날마다 소원하던
소망의 진주장사
소문 듣고 논밭 팔아
오늘 아침 진주 샀네

세상에서 가장 귀한
빛 발하는 진주 한 알
다른 보석 없어도
날마다 기뻐라
값진 진주 사는 자
영의 도를 찾은 자

심령 평안
영원 생명
진리의 예수 산 자

믿음 찾아 가는 자(히 11:6)

소라 껍데기
무거운 짐 이끌고
본향을 찾아
보드라운 속살 안고

오늘도 믿음의 길
떠나는 행렬
얼굴은 미소
심정은 그림자

통증에 못 이겨
줄잡고
갈림길 서 있는 너
아픔의 노출

눈물 흘리며
춤추는 손
페르조나
나는 누구인가

생명 알맹이
가슴 안에 깊이 있어
끌어안고
보이질 않아
바람 부는 길 어귀
세상을 이긴
믿음 찾아다니는
아름다운 너

하늘의 소리(출 15:26)

세상 속
날아다니는
재와 티끌이
공중에 모여
어느덧
하나로
소리되었네

사람들
보이는 것만
보는 사람들
그 소리 먹고
중심에 얹혀
토하고 싶네

하늘 아버지
소리 있어
내 말을
청종하라
닫힌 귀 열어
활짝 열어

죄의 찌꺼기
악의 추수
완전히
버리고
나의 보기에
의를 행하고
계명 지키라

하늘의 소리
귀 열고
세상의 소리
귀 닫고
아버지 음성으로
충만하면

너희 육체에 내린
모든 질병을
하나도 내리지
아니하리니
나는 너희를 치료하는
여호와임이니라

거라사 이야기(막 5:1-15)

어둡고 싸늘한
무덤 사이를 넘나들고
단단한 쇠사슬 끊으며
울부짖는 자 그 누구냐

작렬하는 분노
불길 속에 처절함을
쇠줄을 깨물은들
그 마음이 녹아질까

더러운 자 추악한 자
밤낮 무덤에 엎드린 자
죽음을 불러 끌어안고
통곡하여도 남아 있다

죽어서 죽어져서
한 줌 재로 쥐어 주고 싶어
아픔의 덩어리
시한폭탄 안고 산 자

아아,
깨뜨려 터뜨리고 싶어
스스로 엎어지는 자같이
어리석게 살아온 날들
품고 산 자여

거라사 그 무덤가에
우리 주님 오시니
새까만 광인 온전해졌네
더러운 떼거지 몰려나가네

오늘 또 주님 여기 오셔서
우리의 아픔 붙드셨네
메마른 가슴 속 깊이 만지시사
기쁨의 큰 강물 녹아 흐르네

내 안에서(시 32:1-11)

내 속 깊은 곳에
깜깜한 어두운 곳에
가시언어 하나둘 박혀
둥지를 틀었지

내가 세월을 먹고 살 때
그것들은 나를 찌르고
큰 울타리 되어
나를 가두었지

내가 소리 내어
문 열고 나가려면
가시 울타리 쏟아 내려
나를 덮었지

나는 그것이
내 죄인 줄 알고
떨며 울며 견디며
무덤을 만들었지

내 자아가 죽어서
오늘 말씀 들으니
주님 앞에 올린 허물
내가 바로 산 자라네

뒤돌아보지 마(눅 9:57-62)

고난의 길 가렵니다
고백해 놓고
주님 따르렵니다
맹세해 놓고

부귀도 명예도
평안한 삶도
주님도 머리 둘 곳
없다 하셨네

나 혼자만 만나는
아픔이라면
기꺼이 내 자신
드릴 수 있을까

형제자매
부모 전토
다 놓아두고
주님따라 박해받고
영생 얻으니

일꾼은
오직 주만 바라봐
쟁기를 잡은 자는
뒤돌아보지 마

뒤집지 않은 전병(호 7:8-14)

시련의 불
고통의 불
지나가면
까맣게 타네

염려 근심으로
타는 가슴
새까맣게 타네

누가 뒤집어 주나
까만 그 가슴
사람에게 타고
물질에 타네

하나님께 나아오면
타지 않네

구워지지 않는
그 한쪽은
은혜의 불에는
타지 않네

경건의 모양은 있으나
경건의 능력은 없다네
기도의 모양은 있으나
기도의 능력은 없다네

그러나 우리는
뒤집을 수 없네

하나님만 뒤집을 수 있네
오늘도 타는
우리 가슴, 우리 가슴
뒤집어 주세요

떨어질까 염려하라(히 3:12-16)

세상 염려
근심 걱정
옥토의 가시떨기

심령 가득
채워지면
하나님 사라져

육신의 일
염려하면
영혼의 가시떨기

세상일 염려 마
신앙생활 염려해

믿음이란 하나님과
결합하는 것

모여라
강퍅하지 말라
믿음을 끝까지
지켜라

보화 여는 열쇠(신 28:7-14)

열려라
하늘 보화 문
네 창고와
네 손에
복 내리신다

형통
형통의 복
순종하면
임하시리

내가
엎드려
말씀지키면

때를 따라
단비
흘리시고

네 손
가는 곳에
복을 주시리
여호와의
명령 듣고
지켜 행하라

너는 머리
모든 자의 머리

위에 있는
너는 머리
아래 있지
않으리니

오늘날
네게 명하는
말씀을 떠나

좌로나
우로나
기울지 않으면

하늘 보화
창고 여는
열쇠 주시리

겸손의 강물(마 23:12)

속살 들여다보이는
투명한 시냇물
흘러 흘러
낮은 데로 흘러

강어귀 굽이굽이 돌아치면
더 낮은 데로 빠르게 흘러
흙먼지 매만지고
미소 짓는 긴 얼굴

부딪치는 조약돌
사랑으로 쓰다듬고
다시 한 번 돌아치면
더 낮은 데로 길게 눕고

나무뿌리 돌덩이
충격으로 높이 뜨면
이내 기름 붓고
다시 흘러가는 강물

보좌에서 흘러내려
내 가슴 속에 석류알같이
꼭꼭 묻힌 붉은 물
흘러 터져 흐르고 흐르고

마디마디 아픈
수많은 혼의 줄이
헹궈지고 끊어지고
녹아져 사라지고

수많이 돌아온 세월
무수히 쏘아붙인
수북이 쌓여 있는
불신의 언어들

더 흘러내려
낮은 데로 흘러내려
말끔히 씻기우는
겸손의 강물

사랑의 줄(호 11:1-4)

탯줄 끊어져도
사랑의 줄 연결되어
부모님 교훈
아직도 흐르네

하나님 은혜 탯줄
구원에서 오늘까지
변함없는 사랑의 줄
영원히 흐르네

만세 전 나를
나를 택하셨네
사랑의 줄 내려와
함께 아파하시네

주여 부르면
응답하시고
내게 족한 말씀의 줄
내려 주시네

사랑의 줄 벗어나면
징계의 줄 내리시고
내 연약함 고치고자
당기었노라

나 오늘도 주님 향해
뜨거운 사랑의 줄 잡혀 있어요

승리(마 6:27-30)

눈뜨면
피어오르는
회색 안개

어느덧
잠자는 사이
내 머리를 스미고

풀어져
흩어지고
방 안에 가득

오늘도
원하지 않은
염려의 실타래

그 입김이
강하게 터지고
기도줄 세워지고

내 안에서
흘러나가는
안개 마시는 성령의 기운

나 오늘도
염려 근심과
싸워 이기고 있어요

제물을 쪼개라(창 15:9-12)

내 가장 소중한 것
너 주고 싶어
아버지 크신 사랑
너 주고 싶어

아브람은 암소 염소 숫양 드렸네
아버지 원하셔서 가슴 쪼갰네

쪼개진 사이로 지나가시네
나 잠들어도 지나가시네
축복의 언약이 임하였네
뭇별 같은 자녀와 땅을 주시는 언약이

나 눈물로 쪼개네
좁고도 작은 내 가슴을

아무 것도 바라지 않아도
이미 터뜨려지는
아버지 사랑으로 쪼개져 버리네

청지기(벧전 4:1-11)

천금같이 귀한 세월
넌 어떻게 지내니
육체의 남은 때
만물의 마지막 때
가까이 왔는데
내 손에 쥔 것
다 놓고 들어갈 텐데
욕심으로 살지 말라
하나님
내 인생에 오점 있으면
궤도 수정하여 주시고
그 뜻 따라 살기를
소원합니다
남은 때를 속량하시고
보혈로 씻어 주시고
주님께 다 드리게 하소서

지난날 족해하던 나의 때
내가 바뀌기만 기다립니다
죄를 그치는 심령의 갑옷
단단히 입고 있게 도와주소서
하나님 뜻 좇아서 살게 하소서
깨어 있는 심령을 주시옵소서
남이 나보다 나으니 겸손케 하소서
육체의 남은 때 나팔되게 하소서